In case of loss, please return to

....

....

....

As a reward

....

PREVIEW
CHECK LIST - 다낭 전체

TO DO LIST

- ☐ 베트남식 마사지 받기
- ☐ 템플다낭 디너쇼 보기
- ☐ 지프차로 선짜반도 투어 해보기
- ☐ 골든 브릿지에서 인생 사진 찍기
- ☐ 코코넛 커피 마셔보기
- ☐ 한시장에서 아오자이 맞추기
- ☐ 용다리 불쇼와 물쇼 보기
- ☐ 핑크성당 앞에서 인증샷 찍기
- ☐ 안방비치 앞 프라이빗 비치를 가진 리조트에서 묵기
- ☐ 한강 유람선 타고 야경구경하기
- ☐ 해질녘 영흥사 방문하기
- ☐ 차밍 다낭 쇼 관람하기(베트남 중부 지방의 민족 문화를 소개하는 예술공연)
- ☐ 등불 포토존에서 사진찍기
- ☐ 마이더스의 손에서 인증샷 찍기
- ☐ 바구니 배 타고 코코넛 마을 여행 하기
- ☐ 오행산 투어
- ☐ 자전거 대여해서 투어해보기
- ☐ 좁은 올드타운의 골목에서 시클로 타기
- ☐ 중앙시장에서 망고사서 일일 일망고 하기
- ☐ 투본강에서 나룻배 타고 소원등 띄우기
- ☐ 헬리오야시장에서 로컬푸드 맛보기
- ☐ 호이안 셔틀버스 투어 해보기
- ☐ 호이안 올드타운 야경 투어해보기
- ☐ 다낭 시내 투어
- ☐ 롯데마트 쇼핑하기
- ☐ 바나힐 케이블카 타기
- ☐
- ☐
- ☐
- ☐

MUST BUYING LIST

- ☐ 가죽가방
- ☐ 거북이 줄자
- ☐ 건 파인애플
- ☐ 남드엉 닫 비엣 까이
- ☐ 남드엉 담닥
- ☐ 농라모양 초콜릿
- ☐ 더마틱스 울트라 (흉터연고)
- ☐ 디페린크림 (여드름치료제)
- ☐ 뜨개 니트 가방
- ☐ 라탄백
- ☐ 마끼 담당간장 찍어먹는 진한간장
- ☐ 마끼 탄이우간장 맑은간장
- ☐ 마카다미아
- ☐ 망고, 코코넛 젤리
- ☐ 베로카 발포비타민
- ☐ 비아핀(화상연고)
- ☐ 비판텐
- ☐ 비판텐 연고
- ☐ 비폰 느억뜨엉 간장
- ☐ 비폰 쌀국수 라면
- ☐ 산리오 캐릭터 백
- ☐ 샤론파스
- ☐ 센소다인 치약
- ☐ 스트랩실(목 염증)
- ☐ 스트렙실(인후병)
- ☐ 심리스 속옷(한시장 162번)
- ☐ 쌀국수 컵라면
- ☐ 아오자이이 (한시장 114번)
- ☐ 아치 커피 코코넛 커피맛
- ☐ 아티소 (Actiso Viet) 앰플
- ☐ 아티초크 앰플
- ☐ 아하 과자 Ahh
- ☐ 원피스, 니트 베스트 (한시장 205번)
- ☐ 족제비 똥커피
- ☐ 지비츠
- ☐ 체리쉬 젤리
- ☐ 촐리맥스 느억맘 소스 (월남쌈 소스)
- ☐ 촐리맥스 칠리소스
- ☐ 친수 느억맘 소스 (반쎄오, 분짜소스)
- ☐ 친수 Nuoc Tuong (마늘 고추 간장)
- ☐ 카네스텐(무좀약)
- ☐ 칼치즈 Cal Cheese
- ☐ 캐슈넛(한시장 37번)
- ☐ 커피조이
- ☐ 코끼리 바지(한시장 205번,174번)
- ☐ 타이거밤
- ☐ 타이거밤 레드 (근육뭉침)
- ☐ 탑 젤리(한시장 37번)
- ☐ 프로스판 시럽 (진해거담제)
- ☐ 하나돌(진통제)
- ☐ 하오하오 쌀국수 라면
- ☐ 하와이안 셔츠
- ☐ 홍콩 페퍼민트오일 (두통,코막힘)
- ☐ 후추
- ☐ 휴양지 원피스
- ☐ Dua Nuong 코코넛 과자
- ☐ G7커피
- ☐ Kotex Maxcool (쿨샌리대)
- ☐ Mr.viet 초콜릿
- ☐ REXUN 코코넛 커피 cocofe

*어떻게 여행을 해야하는지 알려드려요.

CHECK LIST - 다낭 전체

LANDMARK LIST

- ☐ 3월 29일 공원
- ☐ 미안비치
- ☐ 판타지 파크
- ☐ 5군구 전쟁박물관
- ☐ 미케비치
- ☐ 패밀리병원
- ☐ 고향이발관
- ☐ 민속 박물관
- ☐ 푸전회관
- ☐ 깜탄(코코넛 빌리지)
- ☐ 바나힐 골든브릿지
- ☐ 프랑스마을
- ☐ 꼰시장
- ☐ 바빌론 스테이크 1호점
- ☐ 필롱 전자상가
- ☐ 끄어다이 거리
- ☐ 박당거리
- ☐ 하나약국
- ☐ 끄어다이비치
- ☐ 반미프엉
- ☐ 하이난 회관
- ☐ 내원교(일본교)
- ☐ 버거브로스
- ☐ 한시장
- ☐ 논 누억 비치
- ☐ 베만 해산물 식당
- ☐ 헬리오야시장
- ☐ 느억맘 커피
- ☐ 본파스 베이커리&커피
- ☐ 호이안 박물관
- ☐ 다낭 대성당
- ☐ 분짜58
- ☐ 호이안 야시장
- ☐ 다낭 미술관
- ☐ 비엔동 공원
- ☐ 호이안 임프레션 테마파크 공연장
- ☐ 다낭 박물관
- ☐ 빅씨마트
- ☐ 호이안 전통 공연장
- ☐ 다낭 여행자 센터
- ☐ 비엔동 공원
- ☐ 다낭 타워 스테이크 &씨푸드 하우스
- ☐ 사랑의 부두
- ☐ 다낭 판서프
- ☐ 소울키친
- ☐ 다낭 국제공항
- ☐ 썬투이 비치
- ☐ 다낭시청
- ☐ 아 동 실크
- ☐ 다낭역
- ☐ 아시아파크 관람차
- ☐ 도자기 마을
- ☐ 안방비치 빌리지 레스토랑
- ☐ 동다시장
- ☐ 안트엉 거리
- ☐ 동딘박물관
- ☐ 엄특쎄오
- ☐ 라 플라주
- ☐ 영흥사
- ☐ 롯데마트
- ☐ 오행산
- ☐ 르 자뎅 다무르(꽃정원)
- ☐ 용다리
- ☐ 리버사이드 파크
- ☐ 윤식당
- ☐ 린응 사원
- ☐ 중화회관
- ☐ 마담 칸
- ☐ 쩐티리 다리
- ☐ 메가마트
- ☐ 케이마트
- ☐ 모닝글로리
- ☐ 콩카페

MUST DO ACTIVITIES LIST

- ☐ 계곡 래프팅
- ☐ 루지타기
- ☐ 바구니배
- ☐ 빈펄랜드 즐기기
- ☐ 서프스쿨
- ☐ 서핑
- ☐ 선짜반도 스노클링 및 배낚시
- ☐ 스카이36(다낭 야경 보기)
- ☐ 스노클링
- ☐ 시클로 투어
- ☐ 씨워킹
- ☐ 아시아파크 관람차 타기
- ☐ 지프차로 즐기는 선짜반도 투어 해보기
- ☐ 참 아일랜드 호핑투어
- ☐ 크라운 플라자 카지노에서 카지노 즐기기
- ☐ 템플 다낭쇼
- ☐ 투본강 투어
- ☐ 한강 리버 크루즈
- ☐ 호안푸탄 래프팅

MUST EAT LIST

- ☐ 가리비 구이
- ☐ 랍스타
- ☐ 분보남보
- ☐ 갈릭버터 새우
- ☐ 러우
- ☐ 분짜
- ☐ 고이 꾸온
- ☐ 레몬 그라스 닭발요리
- ☐ 분짜까
- ☐ 까오러우
- ☐ 모닝글로리
- ☐ 솔티드커피
- ☐ 껌가
- ☐ 미꽝
- ☐ 염소요리
- ☐ 껌찌엔
- ☐ 미쌰오
- ☐ 오리구이
- ☐ 넴 루이
- ☐ 밀크티
- ☐ 오징어 찹쌀밥
- ☐ 느억맘 커피
- ☐ 반미
- ☐ 완탕면
- ☐ 달팽이 요리
- ☐ 반쎄오
- ☐ 짜조
- ☐ 두리안 빙수
- ☐ 베트남 가정식
- ☐ 카페 쓰어다

* 어떻게 여행을 해야하는지 알려드려요.

TRAVEL PLAN

SUMMARY - 다낭 전체

TITLE

- DATE   /   /   ~   /   /
- CITY
- WITH
- VEHICLE

MUST GO PLACES

STAY

MUST EAT FOODS

MUST GO RESTAURANTS

MUST GO CAFE

MUST BUYING

MUST DO ACTIVITIES

MEMOS

* 지도를 보면서 나만의 여행계획을 만들어 보세요.

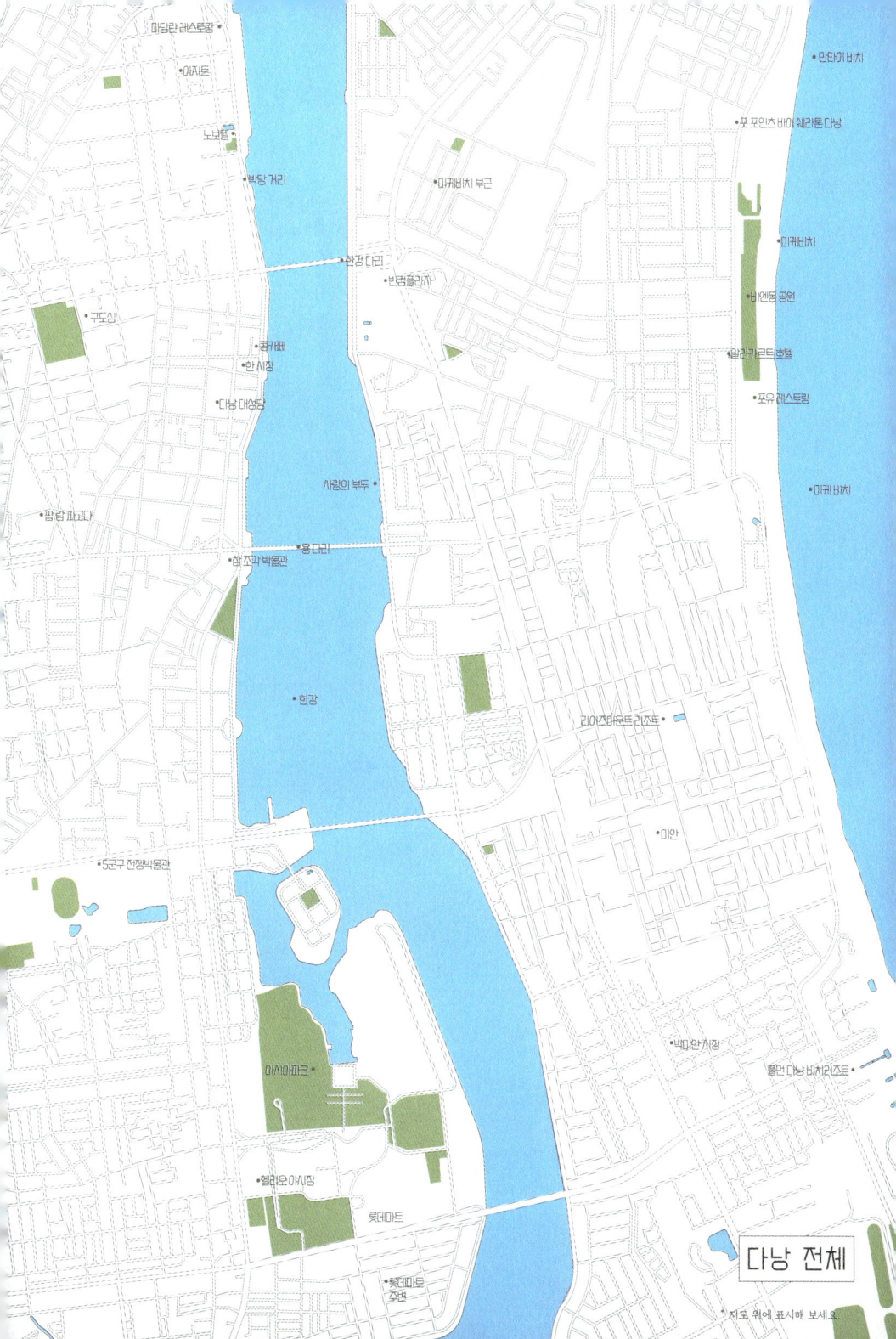

TIME LINE
SCHEDULE - 다낭 전체

DAY 1   /   /   ~   /   /

- 8:00 AM
- 9:00 AM
- 10:00 AM
- 11:00 AM
- 12:00 PM
- 13:00 PM
- 14:00 PM
- 15:00 PM
- 16:00 PM
- 17:00 PM
- 18:00 PM
- 19:00 PM
- 20:00 PM
- 21:00 PM
- 22:00 PM
- 23:00 PM

DAY 2   /   /   ~   /   /

- 8:00 AM
- 9:00 AM
- 10:00 AM
- 11:00 AM
- 12:00 PM
- 13:00 PM
- 14:00 PM
- 15:00 PM
- 16:00 PM
- 17:00 PM
- 18:00 PM
- 19:00 PM
- 20:00 PM
- 21:00 PM
- 22:00 PM
- 23:00 PM

* 시간별로 계획을 세워보세요.

TIME LINE
SCHEDULE - 다낭 전체

DAY 3   /   /   ~   /   /

- 8:00 AM
- 9:00 AM
- 10:00 AM
- 11:00 AM
- 12:00 PM
- 13:00 PM
- 14:00 PM
- 15:00 PM
- 16:00 PM
- 17:00 PM
- 18:00 PM
- 19:00 PM
- 20:00 PM
- 21:00 PM
- 22:00 PM
- 23:00 PM

DAY 4   /   /   ~   /   /

- 8:00 AM
- 9:00 AM
- 10:00 AM
- 11:00 AM
- 12:00 PM
- 13:00 PM
- 14:00 PM
- 15:00 PM
- 16:00 PM
- 17:00 PM
- 18:00 PM
- 19:00 PM
- 20:00 PM
- 21:00 PM
- 22:00 PM
- 23:00 PM

*시간별로 계획을 세워보세요.

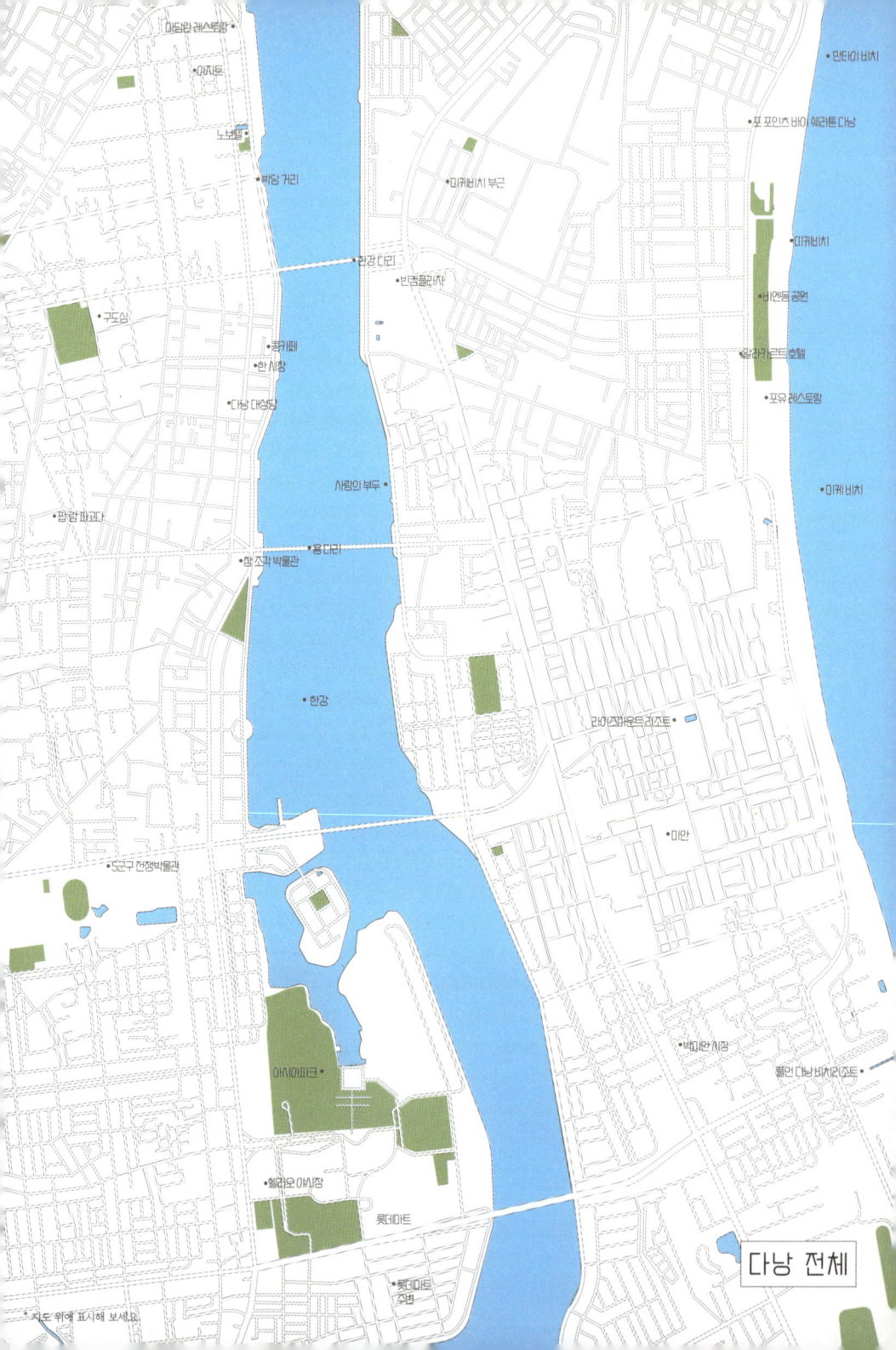

PREVIEW
CHECK LIST - 다낭 시내

SPOT LIST

- ☐ 3월29일 공원
- ☐ 5군구 전쟁박물관
- ☐ 고 다낭
- ☐ 골든 파인
- ☐ 껌가 아 하이
- ☐ 꼰시장
- ☐ 나항 랑응에
- ☐ 뉴 풍동 나이트클럽
- ☐ 니아카페
- ☐ 다낭 대성당
- ☐ 다낭 미술관
- ☐ 다낭 박물관
- ☐ 다낭 여행자 센터
- ☐ 다낭시청
- ☐ 다낭역
- ☐ 동다시장

- ☐ 동즈엉
- ☐ 두끼떡볶이 다낭점
- ☐ 레드스카이바
- ☐ 롯데마트
- ☐ 리몬첼로
- ☐ 마담란 레스토랑
- ☐ 메가마트
- ☐ 뮤단 핫팟 레스토랑
- ☐ 미꽝바무아
- ☐ 민꽝
- ☐ 바두엉
- ☐ 바란반미
- ☐ 박당거리
- ☐ 버거 브로스
- ☐ 보네 꺽민
- ☐ 본파스 베이커리 &커피

- ☐ 빅씨마트
- ☐ 아시아파크
- ☐ 야지트
- ☐ 용다리
- ☐ 인도차이나 리버사이드 몰
- ☐ 졸리 마트
- ☐ 쩐티리 다리
- ☐ 치앙 라이드 경기장
- ☐ 토토로1998
- ☐ 팝 람 파고다
- ☐ 패밀리병원
- ☐ 포 홍
- ☐ 필롱 전자상가
- ☐ 한 시장
- ☐ 헬리오 야시장
- ☐ 호이안 익스프레스

TO DO LIST

- ☐ 다낭 박물관 관람
- ☐ 동다시장(로컬 푸드 맛보기)
- ☐ 롯데마트 쇼핑하기
- ☐ 박당 거리에서 다낭 야경보기
- ☐ 오큐팝, 로컬 펍 즐기기
- ☐ 용다리 불쇼와 물쇼 감상
- ☐ 인도차이나 리버사이드 몰에서 쇼핑 및 한강뷰 보며 식사
- ☐ 참 조각 박물관 관람
- ☐ 토토로 1988에서 캐릭터 상품 쇼핑
- ☐ 팝 람 파고다 둘러보기
- ☐ 핑크성당 앞에서 인증샷 찍기
- ☐ 한시장에서 아오자이 맞추기
- ☐ 헬리오센터 즐기기
- ☐ 헬리오야시장에서 로컬푸드 맛보기

MUST DO ACTIVITIES LIST

- ☐ 스카이36에서 다낭 야경 보기
- ☐ 아시아파크 관람차 타기
- ☐ 차밍 다낭 쇼 관람하기
- ☐ 참 스파에서 마사지
- ☐ 핑크스파에서 마사지
- ☐ 한강 유람선타고 야경 감상

MUST EAT LIST

- ☐ 갈비구이
- ☐ 넴 루이
- ☐ 돼지고기 당면구이
- ☐ 두리안 두부
- ☐ 두리안 빙수
- ☐ 딤섬
- ☐ 러우
- ☐ 레몬그라스 닭발요리
- ☐ 로띠
- ☐ 미꽝
- ☐ 반미

- ☐ 베트남 가정식
- ☐ 베트남 디저트
- ☐ 보네
- ☐ 소고기 국수
- ☐ 솔티드커피
- ☐ 어묵 분짜
- ☐ 염소고기 요리
- ☐ 오징어 찹쌀밥
- ☐ 치킨 갈릭라이스
- ☐ 치킨라이스
- ☐ 코코넛 커피

MUST BUYING LIST

- ☐ 원피스, 니트 베스트 (한시장 205번)
- ☐ 코끼리 바지 (한시장 205번,174번)
- ☐ 하와이안 셔츠
- ☐ 아오자이 (한시장 114번)
- ☐ 심리스 속옷 (한시장 162번)
- ☐ 거북이 출자
- ☐ 산리오 캐릭터 백
- ☐ 뜨게 니트 가방
- ☐ 지비츠

- ☐ 체리쉬 젤리
- ☐ 탑 젤리 (한시장 37번)
- ☐ 캐슈넛 (한시장 37번)
- ☐ Sinh To Chann Day "Passion Fruit"
- ☐ Dua Nuong 코코넛 과자
- ☐ Kotex Maxcool (쿨생리대)
- ☐ 아하 과자 Ahh
- ☐ 칼치즈 Cal Cheese
- ☐ REXUN 코코넛 커피 cocofe

*어떻게 여행을 해야하는지 알려드려요.

TRAVEL PLAN
SUMMARY - 다낭 시내

TITLE

- DATE   /   /   ~   /   /
- CITY
- WITH
- VEHICLE

MUST GO PLACES

STAY

MUST EAT FOODS

MUST GO RESTAURANTS

MUST GO CAFE

MUST BUYING

MUST DO ACTIVITIES

MEMOS

* 지도를 보면서 나만의 여행계획을 만들어 보세요.

TIME LINE
SCHEDULE - 다낭 시내

DAY 1　　/　　/　　~　　/　　/

8:00 AM
9:00 AM
10:00 AM
11:00 AM
12:00 PM
13:00 PM
14:00 PM
15:00 PM
16:00 PM
17:00 PM
18:00 PM
19:00 PM
20:00 PM
21:00 PM
22:00 PM
23:00 PM

DAY 2　　/　　/　　~　　/　　/

8:00 AM
9:00 AM
10:00 AM
11:00 AM
12:00 PM
13:00 PM
14:00 PM
15:00 PM
16:00 PM
17:00 PM
18:00 PM
19:00 PM
20:00 PM
21:00 PM
22:00 PM
23:00 PM

* 시간별로 계획을 세워보세요.

PREVIEW
CHECK LIST - 미케비치 주변

SPOT LIST

- [ ] 고향이발관
- [ ] 그린 레이크
- [ ] 노아스파
- [ ] 다낭 타워 스테이크 &씨푸드 하우스
- [ ] 다낭 판서프
- [ ] 다빈 중화요리
- [ ] 더 다운
- [ ] 동단박물관
- [ ] 떤 비엔 선 짜
- [ ] 라이즈마운트 리조트
- [ ] 리버사이드 파크
- [ ] 마이 까사
- [ ] 목 해산물 식당
- [ ] 미꽝24/7
- [ ] 미꽝바무아
- [ ] 미케비치
- [ ] 바빌론 스테이크
- [ ] 베만 해산물식당
- [ ] 베안 해산물 레스토랑
- [ ] 봉막창
- [ ] 블루 웨일
- [ ] 비엔동 공원
- [ ] 빈마트
- [ ] 빈컴플라자
- [ ] 사랑의 부두
- [ ] 삼원 식당
- [ ] 선 짜 야시장
- [ ] 쌀국수 컨테이너
- [ ] 엄특쎄오
- [ ] 영흥사
- [ ] 오늘은 등갈비
- [ ] 오케이마트
- [ ] 칙피 이터리 병아리콩 채식 레스토랑
- [ ] 카콩
- [ ] 케이마트
- [ ] 파라다이스 다낭의 3D 미술박물관
- [ ] 팜 반 동 비치
- [ ] 패밀리 인디언 레스토랑
- [ ] 포유 레스토랑
- [ ] 하나약국
- [ ] 홍짬 스파
- [ ] Cabanon Palace
- [ ] DHC마리나
- [ ] Phuoc타이 레스토랑
- [ ] Whale Park

TO DO LIST

- [ ] 빈컴플라자 즐기기
- [ ] 파라다이스 다낭의 3D 미술박물관에서 박물관 체험하기
- [ ] 비엔동 공원에서 해양스포츠 즐기기
- [ ] 해질녘 영흥사 방문하기
- [ ] 떤 비엔 선 짜 대나무숲 걷기
- [ ] 미케비치 파라솔에 누워 해변 감상하기
- [ ] 선짜야시장 구경하기
- [ ] 미케비치 일몰 보기

MUST DO ACTIVITIES LIST

- [ ] 다낭 서프스쿨에서 서핑 즐기기
- [ ] 라운지 비치 바에서 라이브 음악 즐기기
- [ ] 미케비치 패러세일링 하기
- [ ] 선짜반도 스노쿨링 및 배낚시
- [ ] 월드스파 라운지에서 마사지
- [ ] 케이스에서 마사지
- [ ] 쿨스파에서 마사지
- [ ] 템플 다낭쇼(디너쇼와 씨푸드 코스요리)
- [ ] 허니스파에서 마사지

MUST EAT LIST

- [ ] 갈비구이
- [ ] 넴 루이
- [ ] 돼지고기 당면구이
- [ ] 두리안 두부
- [ ] 두리안 빙수
- [ ] 딤섬
- [ ] 러우
- [ ] 레몬그라스 닭발요리
- [ ] 로띠
- [ ] 미꽝
- [ ] 반미
- [ ] 베트남 가정식
- [ ] 베트남 디저트
- [ ] 보네
- [ ] 새우장 국수
- [ ] 솔티드커피
- [ ] 어묵 분짜
- [ ] 염소고기 요리
- [ ] 오징어 찹쌀밥
- [ ] 치킨 갈릭라이스
- [ ] 치킨라이스
- [ ] 코코넛 커피

MUST BUYING LIST

- [ ] 베로카 발포비타민
- [ ] 비판텐 연고
- [ ] 스트렙실(인후병)
- [ ] 스트랩실(목 염증)
- [ ] 센소다인 치약
- [ ] 비아핀(화상연고)
- [ ] 비아핀(화상연고)
- [ ] 더마틱스 울트라 (흉터연고)
- [ ] 샤론파스
- [ ] 라탄제품
- [ ] 디페린크림 (여드름치료제)
- [ ] 비판텐
- [ ] 아티소 (Actiso Viet) 앰플
- [ ] 아티초크 앰플
- [ ] 카네스텐(무좀약)
- [ ] 타이거밤
- [ ] 타이거밤 레드(근육뭉침)
- [ ] 프로스판 시럽 (진해거담제)
- [ ] 하나돌(진통제)
- [ ] 홍콩 페퍼민트오일 (두통,코막힘)

* 어떻게 여행을 해야하는지 알려드려요.

TRAVEL PLAN
SUMMARY - 미케비치 주변

TITLE

- DATE   /   /   ~   /   /
- CITY
- WITH
- VEHICLE

MUST GO PLACES

STAY

MUST EAT FOODS

MUST GO RESTAURANTS

MUST GO CAFE

MUST BUYING

MUST DO ACTIVITIES

MEMOS

* 지도를 보면서 나만의 여행계획을 만들어 보세요.

TIME LINE
SCHEDULE - 미케비치 주변

DAY 1   /   /   ~   /   /

8:00 AM
9:00 AM
10:00 AM
11:00 AM
12:00 PM
13:00 PM
14:00 PM
15:00 PM
16:00 PM
17:00 PM
18:00 PM
19:00 PM
20:00 PM
21:00 PM
22:00 PM
23:00 PM

DAY 2   /   /   ~   /   /

8:00 AM
9:00 AM
10:00 AM
11:00 AM
12:00 PM
13:00 PM
14:00 PM
15:00 PM
16:00 PM
17:00 PM
18:00 PM
19:00 PM
20:00 PM
21:00 PM
22:00 PM
23:00 PM

* 시간별로 계획을 세워보세요.

PREVIEW
CHECK LIST - 미안비치 주변

SPOT LIST

- ☐ 27 seafood
- ☐ 가김중
- ☐ 냐벱
- ☐ 논 누억 비치
- ☐ 더 로컬 빈스 카페
- ☐ 데봉 해산물 식당
- ☐ 르 쁘띠 카페
- ☐ 르 이탈리아노
- ☐ 뭄타즈 인디안 레스토랑
- ☐ 미꽝바무아
- ☐ 미쓰니
- ☐ 미안비치
- ☐ 바빌론 스테이크
- ☐ 버거 브로스
- ☐ 본 아페티
- ☐ 부부샵
- ☐ 사오비엔 비치
- ☐ 썬투이 비치
- ☐ 안트엉 거리
- ☐ 암푸동굴
- ☐ 오행산
- ☐ 카나디안 랍스타
- ☐ 크라운 플라자 다낭
- ☐ 크라운 플라자 카지노
- ☐ 템 하이산
- ☐ 토리노 레스토랑 &베이커리
- ☐ 투카나
- ☐ 티아고 레스토랑
- ☐ 푸라마 리조트 다낭
- ☐ 풀먼 다낭 비치리조트
- ☐ 하이산포
- ☐ 하이코이
- ☐ Huyen Trang
- ☐ Lau bo San Hung
- ☐ Pizza Base
- ☐ Tasty U Too Coffee
- ☐ YMA 스튜디오

TO DO LIST

- ☐ 박미안 시장에서 재래시장 즐기기
- ☐ 안트엉 거리의 이국적 분위기 즐기기
- ☐ 오행산 투어
- ☐ 현공동굴 신비로운 분위기 느끼기
- ☐ 암푸동굴 투어
- ☐ 미안비치 조형물과 인증샷 찍기
- ☐ 미안비치 푸드트럭 즐기기
- ☐ 미안비치 일몰 보기

MUST DO ACTIVITIES LIST

- ☐ 크라운 플라자 카지노에서 카지노 즐기기
- ☐ 엘스파에서 스파 네일 받기
- ☐ 크라운 플라자 카지노에서 카지노 즐기기
- ☐ 포레스트에서 마사지
- ☐ YMA스튜디오에서 기념품 사기

MUST EAT LIST

- ☐ 갈비구이
- ☐ 넴 루이
- ☐ 돼지고기 당면구이
- ☐ 두리안 두부
- ☐ 두리안 빙수
- ☐ 딤섬
- ☐ 러우
- ☐ 레몬그라스 닭발요리
- ☐ 로띠
- ☐ 미꽝
- ☐ 반미
- ☐ 베트남 가정식
- ☐ 베트남 디저트
- ☐ 보네
- ☐ 새우장 국수
- ☐ 솔티드커피
- ☐ 어묵 분짜
- ☐ 염소고기 요리
- ☐ 오징어 찹쌀밥
- ☐ 치킨 갈릭라이스
- ☐ 치킨라이스
- ☐ 코코넛 커피

MUST BUYING LIST

- ☐ 가죽가방
- ☐ 남드엉 담닥(진한간장)
- ☐ 디페린크림 (여드름치료제)
- ☐ 라탄백
- ☐ 라탄제품
- ☐ 마끼 담닥간장 (찍어먹는 진한간장)
- ☐ 마끼 탄이우간장 (맑은간장)
- ☐ 마카다미아
- ☐ 망고, 코코넛 젤리
- ☐ 비폰 느억뜨엉 간장
- ☐ 비폰 쌀국수 라면
- ☐ 센소다인 치약
- ☐ 아티초크 앰플
- ☐ 아하 과자 Ahh
- ☐ 족제비 똥커피
- ☐ 친수 느억맘 소스 (반쎄오, 분짜소스)
- ☐ 친수 Nuoc Tuong간장 (마늘 고추 간장)
- ☐ 카네스텐(무좀약)
- ☐ 칼치즈 Cal Cheese
- ☐ 캐슈넛
- ☐ 커피조이
- ☐ 타이거밤
- ☐ 프로스판 시럽 (진해거담제)
- ☐ 하나돌(진통제)
- ☐ 하오하오 쌀국수 라면
- ☐ 휴양지 원피스
- ☐ G7커피
- ☐ Kotex Maxcool (쿨생리대)

* 어떻게 여행을 해야하는지 알려드려요.

TRAVEL PLAN

SUMMARY - 미안비치 주변

TITLE

- DATE   /   /   ~   /   /
- CITY
- WITH
- VEHICLE

MUST GO PLACES

-
-
-
-
-
-
-
-
-
-
-
-
-
-
-
-
-
-
-
-
-
-
-

STAY

MUST EAT FOODS

MUST GO RESTAURANTS

MUST GO CAFE

MUST BUYING

MUST DO ACTIVITIES

MEMOS

* 지도를 보면서 나만의 여행계획을 만들어 보세요.

TIME LINE
SCHEDULE - 미안비치 주변

DAY 1 / / ~ / /

- 8:00 AM
- 9:00 AM
- 10:00 AM
- 11:00 AM
- 12:00 PM
- 13:00 PM
- 14:00 PM
- 15:00 PM
- 16:00 PM
- 17:00 PM
- 18:00 PM
- 19:00 PM
- 20:00 PM
- 21:00 PM
- 22:00 PM
- 23:00 PM

DAY 2 / / ~ / /

- 8:00 AM
- 9:00 AM
- 10:00 AM
- 11:00 AM
- 12:00 PM
- 13:00 PM
- 14:00 PM
- 15:00 PM
- 16:00 PM
- 17:00 PM
- 18:00 PM
- 19:00 PM
- 20:00 PM
- 21:00 PM
- 22:00 PM
- 23:00 PM

* 시간별로 계획을 세워보세요.

TRAVEL PLAN
SUMMARY - 바나힐

TITLE

- DATE   /   /   ~   /   /
- CITY
- WITH
- VEHICLE

MUST GO PLACES

STAY

MUST EAT FOODS

MUST GO RESTAURANTS

MUST GO CAFE

MUST BUYING

MUST DO ACTIVITIES

MEMOS

* 지도를 보면서 나만의 여행계획을 만들어 보세요.

호아푸탄 래프팅
[Hoa Phu Thanh]
2인 1조로 보트에 탑승해 진행하는 계곡 래프팅
급류를 타고 내려오며 경사가 심하다 / 1시간 소요
다낭 시내, 바나힐에서 택시(그랩)으로 이동

브라세리
[Brasserie]
이탈리안 레스토랑

레인 셀터링 티하우스

바나힐

판타지 파크
[Fantasy Park]
바나힐 정상에 있는 유럽풍 테마파크
레일바이크, 관람차, 범퍼카, 자이로드롭 등 다양한 놀이기구를 즐길 수 있다

-최상층-

노엘 광장
세인트 데니스 성당
분수대
비어 플라자

바나힐 테마파크
[Sun World Ba Na Hills]
바나힐 정상에 있는 유럽풍 테마파크
레일바이크를 비롯한 어트랙션과
프랑스식 정원, 카페, 레스토랑이 모여있고
수시로 거리 공연이 펼쳐진다
산꼭대기에서 보이는 경치도 아름다운 곳

프랑스 마을
[French Village]
프랑스 감성이 느껴지는
건축물이 모인 지역
예쁜 화단을 갖춘 분수대와
고풍스러운 시계탑이 있다

케이블카 모린역 Morin
케이블카 인도차이나역 L'Indochine
모린 호텔

나항 클럽
알파인 코스터 1
케이블카 루브르역 Louver
알파인 코스터 2

알파인 코스터
[Alpine Coaster]
바나힐에서 가장 인기 있는 어트랙션
레일바이크를 타고 약 500m를 빙글빙글 돌며
바나힐과 테마파크의 경치를 만끽할 수 있다
대기가 길어 아침 일찍 탑승하는 것을 추천
(120cm 이하 탑승 금지)

바나힐 케이블카
[Ba Na hills Cable car]
세계에서 두 번째로 긴 케이블카
약 20분간 5801m를 이동하며
바나힐의 아름다운 능선을 즐길 수 있다.
"세계 10대 케이블카 중의 하나"

CHECK LIST
- 나항 클럽
- 디베이 와인 셀러
- 레인 셀터링 티하우스
- 르 자뎅 다무르 꽃정원
- 린응 사원
- 바나힐 골든브릿지
- 바나힐 케이블카
- 바나힐 테마파크
- 브라세리
- 알파인 코스터
- 판타지 파크
- 프랑스 마을
- 호안푸탄 래프팅

디베이역 ↔ 모린역 (5분 소요)
06:50~17:30, 18:00~18:05, 18:55~19:00
19:55~20:00, 20:55~21:00, 21:30~21:35
22:15~22:20

톡티엔역 ↔ 인도차이나역 (25분 소요)
정상으로 곧장 가는 코스
12:00~19:15, 20:00~20:15
21:00~21:15, 22:00~22:15

보르도역 ↔ 루브르역 (5분 소요)
07:15~20:00

린응 사원
[Linh Ung Pagoda Da Nang]
멀리에서도 한 눈에 보이는
27m 높이의 거대한 불상

플라워가든
대불상

르 자뎅 다무르 (꽃정원)
[Le Jardin D' Amour : 사랑의 정원]
2000평 규모로 꾸며진 유럽식 정원
화려한 꽃과 식물로 꾸며진 다양한 조형물과
아름다운 화단을 배경으로 인증사진을 남기기 좋다

-중간층-

디베이 와인 셀러
에스컬레이터 환승구간
푸니쿨라 르자딘역 Dragon Bridge
푸니쿨라 디아모르역 D'Amour
(산악열차) 푸니쿨라 우측이 경치가 좋다.
케이블카 바나역 Bana
도보 환승구간
디베이 호텔
케이블카 디베이역 Debay

바나힐 골든브릿지
[Golden Bridge]
해발 1,400m 위에 세워진 다리
손으로 받들고 있는 모형으로 이루어졌다
마르셀역에서 내려서 이동

케이블카 보르도역 Bordeaux
케이블카 마르셀역 Marseille

호이안역 ↔ 마르셀역 (15분 소요)
07:00~12:00, 16:00~18:00

수이모이역 ↔ 바나역 (20분 소요)
12:00~16:00

케이블카 수오이모역 Suolimo
케이블카 톡티엔역 Toctien

기념품샵
호이안 가든

케이블카 호이안역 Hoi An

케이블카 매표소
[Ba Na Hills SunWorld]
성인요금 900.000동 (1DAY)
아동요금 700.000동 (1DAY)

* 지도 위에 표시해 보세요.

TIME LINE
SCHEDULE - 바나힐

DAY 1   /   /   ~   /   /

8:00 AM

9:00 AM

10:00 AM

11:00 AM

12:00 PM

13:00 PM

14:00 PM

15:00 PM

16:00 PM

17:00 PM

18:00 PM

19:00 PM

20:00 PM

21:00 PM

22:00 PM

23:00 PM

* 시간별로 계획을 세워보세요.

PREVIEW
CHECK LIST - 호이안 올드타운

SPOT LIST

- ☐ 관탕 고가
- ☐ 광동 회관
- ☐ 굿모닝베트남
- ☐ 껌가 안 히엔
- ☐ 내원교(일본교)
- ☐ 냄레스토랑
- ☐ 도자기 무역 박물관
- ☐ 떤끼 고가
- ☐ 레드게코
- ☐ 로지스 카페
- ☐ 마담 칸
- ☐ 마담 키에우
- ☐ 메티세코
- ☐ 멜로디바
- ☐ 모닝글로리
- ☐ 모트 호이안
- ☐ 민속 박물관
- ☐ 반미프엉
- ☐ 베일웰
- ☐ 벤투이
- ☐ 비 카페
- ☐ 비엣 허벌 스파
- ☐ 비엣능 레스토랑
- ☐ 비포 앤 나우
- ☐ 비하우스
- ☐ 싸후인 문화 박물관
- ☐ 아 동 실크
- ☐ 아프리카 레스토랑
- ☐ 우프 우프
- ☐ 윤식당
- ☐ 인생네컷 호이안점
- ☐ 중화 회관
- ☐ 지오안 쿠킹 스쿨
- ☐ 쩐가 사당
- ☐ 쭝박
- ☐ 코코스파&네일
- ☐ 콩카페
- ☐ 관 포 티엔
- ☐ 파이포커피
- ☐ 푸젠 회관
- ☐ 풍흥 고가
- ☐ 피반미
- ☐ 하이난 회관
- ☐ 호로관
- ☐ 호이안 박물관
- ☐ 호이안 시장
- ☐ 호이안 전통 공연장
- ☐ 화이트 로즈 스파

MUST EAT LIST

- ☐ 갈비구이
- ☐ 넴 루이
- ☐ 돼지고기 당면구이
- ☐ 두리안 두부
- ☐ 두리안 빙수
- ☐ 딤섬
- ☐ 러우
- ☐ 레몬그라스 닭발요리
- ☐ 로띠
- ☐ 미꽝
- ☐ 반미
- ☐ 베트남 가정식
- ☐ 베트남 디저트
- ☐ 보네
- ☐ 반미
- ☐ 반쎄오
- ☐ 베트남 샌드위치
- ☐ 쌀국수
- ☐ 완탕면
- ☐ 해물 볶음밥
- ☐ 호이안 피자
- ☐ 홍합요리

TO DO LIST

- ☐ 호이안 야시장에서 길거리 음식 즐기기
- ☐ 투본강에서 나룻배 타고 소원등, 소원초 띄우기
- ☐ 지오안 쿠킹 스쿨 참여하여 현지 음식 만들어 먹기
- ☐ 전등 거리에서 인증샷 찍기
- ☐ 시클로 타고 올드타운 투어하기
- ☐ 올드타운 밤풍경 감상하기
- ☐ 인생네컷 사진찍기
- ☐ 네일샵에서 현지 네일아트 받기

MUST DO ACTIVITIES LIST

- ☐ 시클로 투어로 올드타운 구경하기
- ☐ 투본강 투어하기
- ☐ 쿠킹클래스에서 베트남음식 배우기
- ☐ 스파, 마사지 즐기기
- ☐ 소원배 타고, 소원등 띄우기

MUST BUYING LIST

- ☐ 가죽 가방
- ☐ 건 파인애플
- ☐ 농라모양 초콜릿
- ☐ 뜨게 니트 가방
- ☐ 라탄백
- ☐ 라탄제품
- ☐ 망고, 코코넛 젤리
- ☐ 베로카 발포비타민
- ☐ 비판텐 연고
- ☐ 샤론파스
- ☐ 센소다인 치약
- ☐ 스트랩실
- ☐ 쌀국수 컵라면
- ☐ 아티초크 앰플
- ☐ 족제비 똥커피
- ☐ 지비츠
- ☐ 체리쉬 젤리
- ☐ 카네스텐
- ☐ 캐슈넛
- ☐ 타이거밤
- ☐ 프로스판 시럽
- ☐ 하나돌
- ☐ 휴양지 원피스
- ☐ G7커피
- ☐ Mr.viet 초콜릿
- ☐ 휴양지 원피스
- ☐ 칼치즈 Cal Cheese
- ☐ Kotex Maxcool (쿨생리대)

* 어떻게 여행을 해야하는지 알려드려요.

TRAVEL PLAN

SUMMARY - 호이안 올드타운

TITLE

- ◾ DATE   /   /   ~   /   /
- ◾ CITY
- ◾ WITH
- ◾ VEHICLE

MUST GO PLACES

- ◾
- ◾
- ◾
- ◾
- ◾
- ◾
- ◾
- ◾
- ◾
- ◾
- ◾
- ◾
- ◾
- ◾
- ◾
- ◾
- ◾
- ◾
- ◾
- ◾

STAY

MUST EAT FOODS

MUST GO RESTAURANTS

MUST GO CAFE

MUST BUYING

MUST DO ACTIVITIES

MEMOS

* 지도를 보면서 나만의 여행계획을 만들어 보세요.

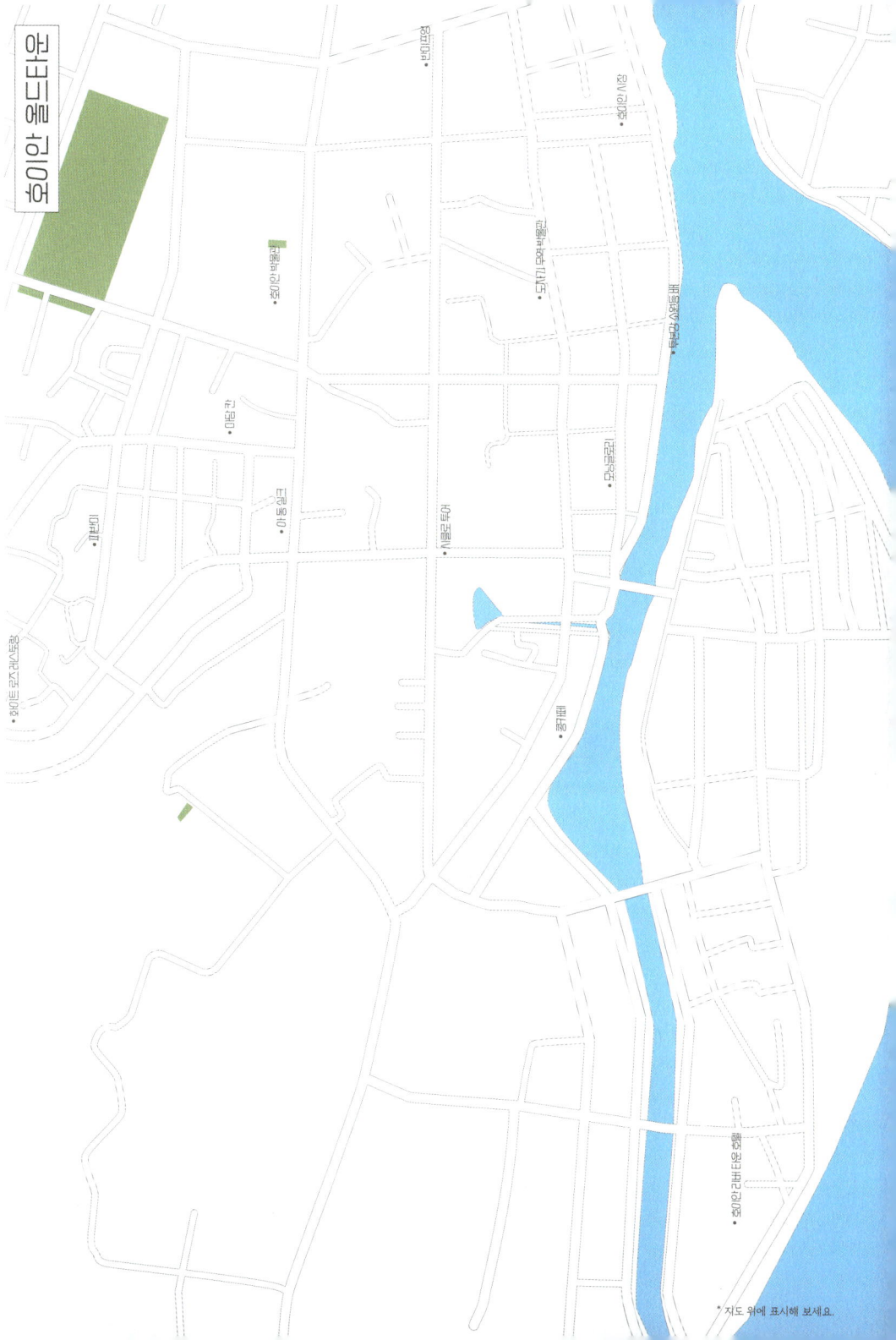

TIME LINE

SCHEDULE - 호이안 올드타운

DAY 1   /   /   ~   /   /

- 8:00 AM
- 9:00 AM
- 10:00 AM
- 11:00 AM
- 12:00 PM
- 13:00 PM
- 14:00 PM
- 15:00 PM
- 16:00 PM
- 17:00 PM
- 18:00 PM
- 19:00 PM
- 20:00 PM
- 21:00 PM
- 22:00 PM
- 23:00 PM

DAY 2   /   /   ~   /   /

- 8:00 AM
- 9:00 AM
- 10:00 AM
- 11:00 AM
- 12:00 PM
- 13:00 PM
- 14:00 PM
- 15:00 PM
- 16:00 PM
- 17:00 PM
- 18:00 PM
- 19:00 PM
- 20:00 PM
- 21:00 PM
- 22:00 PM
- 23:00 PM

* 시간별로 계획을 세워보세요.

TRAVEL PLAN
SUMMARY - 호이안

TITLE

- ■ DATE   /   /   ~   /   /
- ■ CITY
- ■ WITH
- ■ VEHICLE

MUST GO PLACES
- ■
- ■
- ■
- ■
- ■
- ■
- ■
- ■
- ■
- ■
- ■
- ■
- ■
- ■
- ■
- ■
- ■
- ■
- ■
- ■
- ■
- ■

STAY

MUST EAT FOODS

MUST GO RESTAURANTS

MUST GO CAFE

MUST BUYING

MUST DO ACTIVITIES

MEMOS

* 지도를 보면서 나만의 여행계획을 만들어 보세요.

호이안

CHECK LIST

- 장턴(곡곡넛 빌리지)
- 끄어다이비치
- 내원교(일본교)
- 노리아 이타리
- 느억맘 카피
- 옉 하우스
- 도자기 마을
- 연기 고가
- 라 홀리주

- 로빔힐 하우스
- 마담 칸
- 모닝글로리
- 목공예 마을
- 바오한
- 소울키친
- 안방비치
- 안방비치 빌리지 레스토랑
- 엄포산

- 퐁흥고가
- 하이난 회관
- 호이안 더 필드 식당
- 호이안 박물관
- 호이안 시장
- 호이안 올드타운
- 호이안 야시장
- 호이안 임프레션 테마파크

*지도 위에 표시해 보세요.

TIME LINE
SCHEDULE - 호이안

DAY 1   /   /   ~   /   /

- 8:00 AM
- 9:00 AM
- 10:00 AM
- 11:00 AM
- 12:00 PM
- 13:00 PM
- 14:00 PM
- 15:00 PM
- 16:00 PM
- 17:00 PM
- 18:00 PM
- 19:00 PM
- 20:00 PM
- 21:00 PM
- 22:00 PM
- 23:00 PM

DAY 2   /   /   ~   /   /

- 8:00 AM
- 9:00 AM
- 10:00 AM
- 11:00 AM
- 12:00 PM
- 13:00 PM
- 14:00 PM
- 15:00 PM
- 16:00 PM
- 17:00 PM
- 18:00 PM
- 19:00 PM
- 20:00 PM
- 21:00 PM
- 22:00 PM
- 23:00 PM

* 시간별로 계획을 세워보세요.